LATINA LEGENDS ALPHABET

Words by Robin Feiner

Aa

A is for **A**lexandria Ocasio-Cortez. 29. That's how old 'AOC' was when she became the youngest woman ever to serve in the United States Congress. From political activist to current member of the US House of Representatives, she's shown Latina-Americans that with grit and determination, anything is possible.

A de **A**lexandria Ocasio-Cortez. 29. Esa es la edad que tenía "AOC" cuando se convirtió en la mujer más joven en servir en el Congreso de los Estados Unidos. De activista política a actual miembro de la Cámara de Representantes de los Estados Unidos, ha demostrado a las latinas-estadounidenses que, con agallas y determinación, todo es posible.

Bb

B is for Joan Baez.
This acclaimed Mexican folk singer and Rock 'n' Roll Hall of Fame inductee has used her microphone and fame as a platform for activism. A performer at the legendary Woodstock Festival, she has campaigned for nonviolence, civil and human rights, and the environment.

B de Joan Baez.
Esta aclamada cantante folclórica mexicana y miembro del Salón de la Fama del Rock 'n' Roll ha utilizado su micrófono y su fama como plataforma para el activismo. Participó en el legendario Festival de Woodstock y ha hecho campaña por la no violencia, derechos civiles y humanos, y el medio ambiente.

C is for Celia Cruz.
Singing and dancing to music inspired by her Cuban heritage, the talented 'La Guarachera de Cuba' introduced salsa to mainstream America. With 23 gold records to her name, she became one of the most influential Latina artists of the 20th century.

C de Celia Cruz.
Cantando y bailando música inspirada en su herencia cubana, la talentosa 'Guarachera de Cuba' introdujo la salsa en los Estados Unidos. Con 23 discos de oro en su haber, se convirtió en una de las artistas latinas más influyentes del siglo XX.

Dd

D is for **D**olores Huerta.
This Latina legend proved that nothing could stand in the way of an independent young woman. As a labor leader and civil rights activist, she helped found the National Farm Workers Association, and in 1993 she became the first Latina inducted into the National Women's Hall of Fame.

D de **D**olores Huerta.
Esta leyenda latina demostró que nada podía interponerse en el camino de una joven independiente. Como líder laboral y activista de los derechos civiles, ayudó a fundar la Asociación Nacional de Trabajadores Agrícolas, y en 1993 se convirtió en la primera latina incluida en el Salón Nacional de la Fama de la Mujer.

Ee

E is for Eva Perón

As an actress, politician, and activist, the First Lady of Argentina had no lack of talent. Perón used her platform to fight for women's suffrage and improve living standards for the poor in Argentina. 70 years after her death, she is admired more than ever.

E de Eva Perón

Como actriz, política y activista, a la Primera Dama de Argentina no le faltaba talento. Perón utilizó su plataforma para luchar por el sufragio femenino y mejorar el nivel de vida de los pobres en Argentina. 70 años después de su muerte, es más admirada que nunca.

Ff

F is for Felicitas Méndez.
As a child, this Latina and her family moved to California where they were met by a racist community. Years later, her kids faced segregation in school. Méndez sought change—and got it. In '46, her Mendez vs. Westminster desegregation case helped usher in integration across the US.

F de Felicitas Méndez.
De niña, esta latina y su familia se trasladaron a California, donde se encontraron con una comunidad racista. Años más tarde, sus hijos se enfrentaron a la segregación en la escuela. Méndez buscó el cambio y lo consiguió. En el 46, su caso de desegregación Mendez vs. Westminster ayudó a introducir la integración en todo Estados Unidos.

G is for **G**loria Estefan.
'**C**ome on, shake your body, baby, do the conga!' As a three-time Grammy, and four-time Latin Grammy winner, this legendary Cuban singer proved that Latinas belong firmly in the limelight. As a Presidential Medal of Freedom recipient, Gloria showed that they belong anywhere they like.

G de **G**loria Estefan.
"¡**C**ome on, shake your body, baby, do the conga!". Esta legendaria cantante cubana, ganadora de tres Grammy y cuatro Grammy Latinos, demostró que las Latinas son, sin duda, el centro de atención. Como galardonada con la Medalla Presidencial de la Libertad, Gloria demostró que ellas pueden llegar a donde quieran.

H is for Carolina **H**errera.
For young Latinas in love with the world of fashion, the Venezuelan Herrera is an ultimate inspiration. She has styled Michelle Obama and Jackie O and been inspired by the company of Mick Jagger and Andy Warhol. Even now, in her 80s, she's still revolutionizing fashion.

H de Carolina **H**errera.
Para las jóvenes latinas enamoradas del mundo de la moda, la venezolana Herrera es la máxima inspiración. Ha vestido a Michelle Obama y Jackie O y se ha inspirado en la compañía de Mick Jagger y Andy Warhol. Incluso ahora, a sus 80 años, sigue revolucionando la moda.

I is for **I**leana Ros-Lehtinen.
Throughout a legendary decades-long political career, Ros-Lehtinen always fought for equality and civil justice. She became the first Cuban American woman ever elected to the United States Congress in 1989, and decades later, the first Republican to vote in favor of LGBT marriage.

I de **I**leana Ros-Lehtinen.
A lo largo de una legendaria carrera política de décadas, Ros-Lehtinen siempre luchó por la igualdad y la justicia civil. Se convirtió en la primera mujer cubano-americana elegida para el Congreso de los Estados Unidos en 1989 y, décadas más tarde, en la primera republicana que votó a favor del matrimonio LGBT.

Jj

J is for Sor Juana Ines de la Cruz.
The face of Mexico's 200-peso bill was the first feminist ever to be published in the New World. Her poetry and philosophical letters, penned more than 300 years ago, were reintroduced in 1989. Today, de la Cruz's influence on literature is considered on par with Emily Dickinson's.

J de Sor Juana Inés de la Cruz.
La cara del billete de 200 pesos de México fue la primera feminista que se publicó en el Nuevo Mundo. Sus poesías y cartas filosóficas, escritas hace más de 300 años, fueron reintroducidas en 1989. Hoy en día, la influencia de De la Cruz en la literatura se considera a la par que la de Emily Dickinson.

K is for Frida **K**ahlo.
There is no Mexican painter more admired and loved than Frida. Her inspiring self-portraits dealt with themes of identity and the human body. She showed women everywhere the importance of loving themselves and truly seeing their own natural beauty.

K de Frida **K**ahlo.
No hay pintora mexicana más admirada y querida que Frida. Sus inspiradores autorretratos trataban temas de identidad y del cuerpo humano. Mostró a las mujeres de todo el mundo la importancia de quererse a sí mismas y de ver su propia belleza natural.

L is for Jennifer Lopez.
Undoubtedly the most influential Puerto Rican in the world, J.Lo has headlined a Super Bowl halftime show, performed at a presidential inauguration, and sold more than 75 million albums worldwide. But despite all her success and admiration, she's still Jenny from the Block.

L is for Jennifer Lopez.
Sin duda, la puertorriqueña más influyente del mundo, J.Lo ha protagonizado un espectáculo en el medio tiempo del Super Bowl, ha participado en una inauguración presidencial y ha vendido más de 75 millones de álbumes en todo el mundo. Pero a pesar de todo su éxito y admiración, sigue siendo Jenny from the Block.

Mm

M is for Rigoberta Menchú.
No one has fought harder for Indigenous rights than this Guatemalan legend.
Born in '59 to a low-income family, Menchú sought to illuminate how terrible the global treatment of Indigenous people has been. In '92, she became the first Latina woman to win the Nobel Peace Prize.

M de Rigoberta Menchú.
Nadie ha luchado más por los derechos de los indígenas que esta leyenda guatemalteca. Nacida en el 59 en el seno de una familia pobre, Menchú buscó iluminar lo terrible que ha sido el tratamiento global de los pueblos indígenas. En el 92, se convirtió en la primera mujer latina en ganar el Premio Nobel de la Paz.

N is for Dr. Antonia Novello.
As a child, this Puerto Rican legend was hospitalized several times for an illness that would not be corrected until her teens. So she took it upon herself to improve the struggling American healthcare system. And decades later, she served as the first Latina Surgeon General of the US.

N de Dra. Antonia Novello.
De niña, esta leyenda puertorriqueña fue hospitalizada varias veces por una enfermedad que no se corregiría hasta su adolescencia. Así que se encargó de mejorar el difícil sistema sanitario estadounidense. Y décadas más tarde, fue la primera cirujana general latina de Estados Unidos.

O is for Ellen Ochoa.
From SDSU and Stanford to NASA, Ochoa always had a love for physics. Her passion paid off in 1993 when she became the first Latina ever to travel to space aboard the Space Shuttle Discovery. She showed there is no limit to the height of one's dreams—not even the stars.

O de Ellen Ochoa.
Desde SDSU y Stanford hasta la NASA, Ochoa siempre sintió amor por la física. Su pasión dio sus frutos en 1993, cuando se convirtió en la primera latina en viajar al espacio a bordo del transbordador espacial Discovery. Demostró que no hay límite para la altura de los sueños, ni siquiera las estrellas.

P is for Pura Belpré.
A writer, puppeteer, and avid collector of folk tales, Belpré is best remembered as the first Puerto Rican librarian in New York. Back in 1925, she paved the way for Latina women around the country and inspired the birth of Latino literature in America.

P de Pura Belpré.
Escritora, titiritera y ávida coleccionista de cuentos populares, Belpré es más recordada como la primera bibliotecaria puertorriqueña de Nueva York. En 1925, abrió el camino a las mujeres latinas de todo el país e inspiró el nacimiento de la literatura latina en Norteamérica.

Q is for Selena **Q**uintanilla.
There is simply no singer more adored by the Mexican community than 'The Queen of Tejano Music.' Her tunes Como la Flor and Bidi Bidi Bom Bom became cross-cultural hits as Selena herself became an icon and the first Tejano woman to win a Grammy for Album of the Year.

Q de Selena **Q**uintanilla.
Simplemente no hay cantante más adorada por la comunidad mexicana que "La Reina de la Música Tejana". Sus temas Como la Flor y Bidi Bidi Bom Bom se convirtieron en éxitos transculturales y la propia Selena se convirtió en un icono y en la primera mujer tejana en ganar un Grammy al Álbum del Año.

Rr

R is for Rita Moreno.
This Puerto Rican superstar dominated mid-20th century Hollywood. She acted in timeless classics like West Side Story and Singin' in the Rain and is the only Latina ever to win the all-elusive EGOT. Oh, and she tacked on a Presidential Medal of Freedom for good measure.

R de Rita Moreno.
Esta superestrella puertorriqueña dominó el Hollywood de mediados del siglo XX. Actuó en clásicos atemporales como West Side Story y Singin' in the Rain y es la única latina que ha ganado el esquivo EGOT. Ah, y además, obtuvo una Medalla Presidencial de la Libertad.

Ss

S is for **S**onia Sotomayor.
Inspired by her love of Nancy Drew books and the theme of justice within them, she became the first woman of color ever to serve on the US Supreme Court. These days, Sotomayor always fights for the underdog—especially when it comes to issues of race, ethnicity, or gender.

S de **S**onia Sotomayor.
Inspirada por su afición a los libros de Nancy Drew y el tema de la justicia que contienen, se convirtió en la primera mujer de color en formar parte del Tribunal Supremo de Estados Unidos. En la actualidad, Sotomayor siempre lucha por los más desfavorecidos, especialmente cuando se trata de cuestiones de raza, etnia o género.

Tt

T is for Dara Grace **T**orres.
When she dove into a pool, no one could outswim this Cuban American legend. Over the course of a dominant swimming career, Torres became a 12-time Olympic medalist (tied for the most by a female swimmer) and inspired Latinas everywhere to strive for athletic greatness.

T de Dara Grace **T**orres.
Cuando se zambullía en una piscina, nadie podía superar a esta leyenda cubano-americana. A lo largo de una carrera de natación dominante, Torres acumuló 12 medallas olímpicas (empatada en el récord femenino) e inspiró a las latinas de todo el mundo a luchar por la grandeza deportiva.

U is for Zoila Ugarte de Landívar.
The 1880s were a completely different era. Back then, there were no female journalists in all of Ecuador—until this legendary activist came along. She became the first female journalist and editor in the country, breaking new ground for future generations of career-motivated Latinas.

U de Zoila Ugarte de Landívar.
La década de 1880 fue una época completamente diferente. Por aquel entonces, no había mujeres periodistas en todo Ecuador, hasta que llegó esta legendaria activista. Se convirtió en la primera mujer periodista y editora del país, abriendo un nuevo camino para las futuras generaciones de latinas motivadas por su carrera.

Vv

V is for **V**ioleta Parra.
As a young girl, 'La Viola' knew exactly what her calling was. She began singing as a nine-year-old and composing lyrics a few years later. No wonder she became a Chilean folk song hero and pioneered an entire musical movement: the Nueva Canción Chilena. She's a true Latina legend.

V de **V**ioleta Parra.
De joven, "La Viola" sabía exactamente cuál era su vocación. Empezó a cantar a los nueve años y a componer letras unos años después. No es de extrañar que se convirtiera en una heroína de la canción popular chilena y que fuera pionera de todo un movimiento musical: la Nueva Canción Chilena. Es una verdadera leyenda latina.

W is for Raquel Welch.
When she burst onto the scene in the 60s, this Bolivian star rejected stereotypical female acting parts and instead sought out roles playing courageous, independent women. For her role in The Three Musketeers, she captured a Golden Globe—a true Latina legend and Hollywood icon.

W de Raquel Welch.
Cuando irrumpió en la escena en los años 60, esta estrella boliviana rechazó los papeles femeninos estereotipados y, en su lugar, buscó papeles de mujeres valientes e independientes. Por su papel en Los tres mosqueteros, ganó un Globo de Oro: una auténtica leyenda latina e icono de Hollywood.

Ww

X is for **X**imena Restrepo.
As a girl growing up in Medellín, this Latina knew she possessed incredible athletic skills. She dedicated her life to running, and at the 1992 Olympics in Barcelona, she captured the bronze in the 400 m dash—becoming the first Colombian ever to win an international medal.

X de **X**imena Restrepo.
Cuando era una niña que crecía en Medellín, esta latina sabía que poseía increíbles habilidades atléticas. Dedicó su vida a correr, y en los Juegos Olímpicos de 1992 en Barcelona, obtuvo el bronce en los 400 metros planos, convirtiéndose en la primera colombiana en ganar una medalla internacional.

Y is for Ynes Mexia.
500. That's how many species of plant life this Mexican American discovered. She cared about preserving the beautiful things in life, which is why she also advocated for Indigenous rights throughout her career. Today, her contributions to botany are compared to Charles Darwin's.

Y de Ynes Mexia.
500. Esa es la cantidad de especies de plantas que descubrió esta mexicana-americana. Se preocupaba por preservar las cosas bellas de la vida, por lo que también defendió los derechos de los indígenas a lo largo de su carrera. Hoy en día, sus aportes a la botánica se comparan con los de Charles Darwin.

Zz

Z is for Zoe Saldaña.
This Hollywood knockout of Puerto Rican and Dominican descent has been a mainstay on the big screen for two decades. In 2009, she starred in the legendary Avatar—still the highest-grossing film of all time—and she always uses her social platform to advocate for the Latin community.

Z de Zoe Saldaña.
Esta estrella de Hollywood de ascendencia puertorriqueña y dominicana ha sido un pilar en la gran pantalla durante dos décadas. En 2009, protagonizó la legendaria Avatar (que sigue siendo la película más taquillera de todos los tiempos) y siempre utiliza su plataforma social para defender a la comunidad latina.

The ever-expanding legendary library

EXPLORE THESE LEGENDARY ALPHABETS & MORE AT WWW.ALPHABETLEGENDS.COM

LATINA LEGENDS ALPHABET
www.alphabetlegends.com

Published by Alphabet Legends Pty Ltd in 2022
Created by Beck Feiner
Copyright © Alphabet Legends Pty Ltd 2022

Printed and bound in China.

9780645487077

ALPHABET LEGENDS